GLOSSAIRE

DU

'TRE DE LA FRANCE

PAR

M. LE COMTE JAUBERT

Ancien Député du Cher,

OUVRAGE COURONNÉ PAR L'INSTITUT DE FRANCE DANS LA SÉANCE GÉNÉRALE
DES CINQ ACADÉMIES, TENUE LE 14 AOUT 1856.

DEUXIÈME SUPPLÉMENT

PRÉSENTÉ A LA SOCIÉTÉ DU BERRY
Dans sa séance du 7 décembre 1857.

(Armes de la ville de Bourges.)

PARIS

IMPRIMERIE CENTRALE DE NAPOLÉON CHAIX ET Cⁱᵉ, ÉDITEURS,
Rue Bergère, 20;

ET CHEZ LES PRINCIPAUX LIBRAIRES

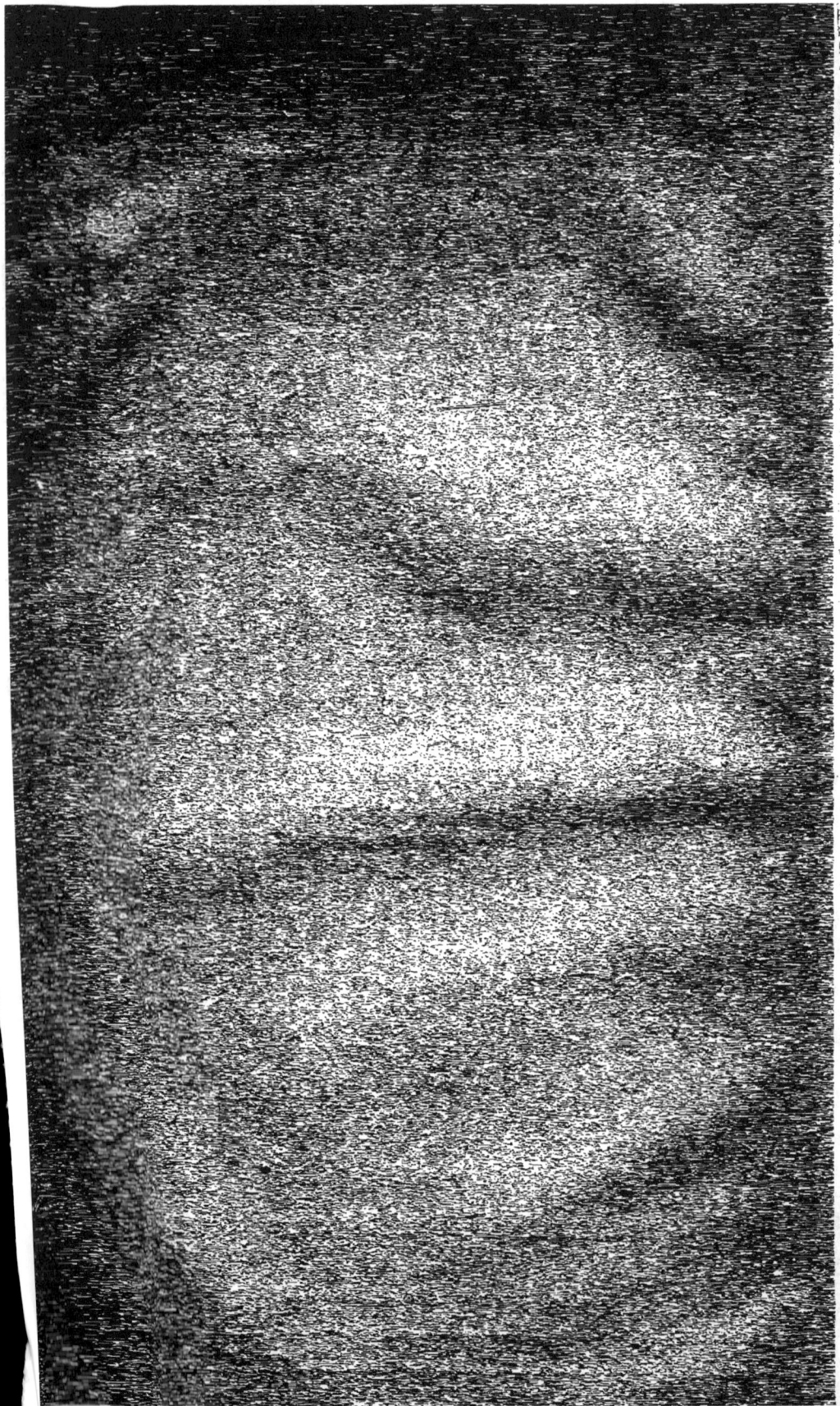

GLOSSAIRE

DU

CENTRE DE LA FRANCE[1]

hoo9

DEUXIÈME SUPPLÉMENT

PRÉSENTÉ A LA SOCIÉTÉ DU BERRY

Dans sa séance du 7 décembre 1857.

La Société du Berry a protégé les débuts du *Glossaire du centre de la France*, et son suffrage a préparé celui dont l'Institut, en 1856, a honoré ce livre, à titre de recueil de matériaux pour servir à l'histoire de la langue française. Il est juste que je reporte à notre province, dont j'ai été en quelque sorte le secrétaire, et à mes collaborateurs dans cette œuvre de patience, l'honneur du prix qui m'a été décerné. D'autre part, j'avais pris mes précautions contre la critique; j'avais eu soin de l'avertir qu'elle n'avait point affaire à un savant de profession. En effet, dans les travaux assez variés auxquels je me suis livré à diverses époques, je n'ai pas élevé mes prétentions au delà du rang d'amateur; c'était au fond la vérité, je m'en suis toujours bien trouvé.

La publication du *Glossaire* et de son premier supplément a été achevée il y a plus d'un an, et déjà je suis en mesure d'offrir à la Société un second supplément. Après la moisson,

---

(1) Deux vol. in-8°. Paris, 1856. — Imprimerie et librairie de Napoléon Chaix et Cᵉ, rue Bergère, 20.

le glanage ; les travailleurs diligents que j'avais enrôlés sur divers points de notre territoire m'ont encore rapporté un assez bon nombre d'épis bien conformés qui méritent d'être portés à la grange ; le peu d'ivraie qui s'y était mêlé a été soigneusement trié, d'après la méthode de contrôle scrupuleux qui n'a pas cessé de me guider. L'authenticité de la provenance, la constatation de l'usage et le silence du *Dictionnaire de l'Académie*, sont les premières conditions auxquelles l'admission d'un mot peut avoir lieu, et c'est alors seulement qu'on peut songer à faire ressortir l'intérêt qui paraît s'y attacher.

Ce second supplément ne sera probablement pas le dernier, quels que soient les auteurs des additions subséquentes; mais ces listes seront, je l'espère, de moins en moins volumineuses, jusqu'au moment marqué dans l'entraînement du siècle vers l'uniformité sociale, où toute originalité provinciale ayant disparu, l'idiome berrichon sera passé, à son tour, à l'état de langue morte.

Le travail que je présente aujourd'hui à la Société se compose 1° de mots entièrement nouveaux pour le *Glossaire*, et qui avaient échappé à mes précédentes recherches ; 2° d'acceptions nouvellement découvertes de mots déjà publiés ; 3° de rectifications de ces derniers, quant au sens, à la prononciation ou à l'orthographe; 4° de citations d'auteurs ayant trait, plus ou moins directement, à l'une des trois catégories précédentes et destinées à les appuyer; 5° de renvois d'un mot à l'autre omis dans le *Glossaire* ou rendus nécessaires par les nouvelles acquisitions : j'ai senti depuis longtemps l'utilité de ces renvois pour éclairer les mots les uns par les autres et rattacher entre eux ceux qui appartiennent aux mêmes groupes. Quant aux fautes d'impression que l'*errata* du *Glossaire* n'avait pas signalées et aux noms d'auteurs qui doivent prendre place dans la table annexée au *Glossaire*, je me suis contenté de les noter sur mon exemplaire particulier. Si le *Glossaire* parvient à une seconde édition, elle comprendra toutes les additions et rectifications que je viens d'énumérer.

Noᴛᴀ. — Les mots nouveaux pour le *Glossaire* sont marqués d'un astérisque *.

A

À, prép. || Pour la prép. De : « *A* bonne heure. » || Pour la prép. En. Exemple de locution très-usité : « Un toit couvert *à* paille. » — On dit aussi : « Des fagots rangés *à* compte sur la rive d'un bois, » pour : en compte ou par compte.

|| Prép. indicative d'une circonstance de temps; pour dire Au temps de, à l'époque de. — Exemple : *à* moisson, c.-à-d. au temps de la moisson, à la moisson ; on ne dirait pas *à* vendanges, mais *aux* vendanges, comme en bon français. (Voy. *Pour*.)

* ACAJOU DE PAYSAN, s. m. Bois d'aulne. On appelle ainsi le bois de l'aulne employé à fabriquer des meubles pour les ménages de campagne ; il simule l'acajou par sa couleur rougeâtre.

* ACCOLER, v. a. Relever la vigne en la liant à l'échalas. (Voy. *Accolage*.) || Fig. (d'après M. Ribault de Laugardière) rimer, employer des terminaisons semblables dans une *rimouère*, une *diction*, une *conditure*. (Voy. ces mots.)

ACCOUTUMANCE, s. f. — L'auteur que nous allons citer écrit à tort *la coutumance*.

L'indomptable routine repousse les préceptes, les découvertes, les expériences, sans examen, sans règle et sans autre réponse, sinon que ce n'est pas *la coutumance*.... Il est vrai que jusqu'à présent on a peu fait pour éclairer cette vieille routine, pour triompher de cette *coutumance*.

(Dᴀʟᴘʜᴏɴsᴇ. — *Statistique de l'Indre, page* 149.)

ACHINER (s'), v. pron. Comparez à l'italien *chinarsi, inchinarsi,* se plier, pencher. *Inclinare*, latin, d'où *enclin, inclination*, etc.

AFFIAULER, v. a. (Voy. *Aguïser* et *Affiater*.)

AGACE, ᴀɢᴀssᴇ, s. f. En italien *gazza*, d'où le nom de *gazzetta*, donné dans l'origine aux petits journaux, par allusion à la loquacité proverbiale de la pie.

AGUÏSER, v. a. || Circonvenir, tenter. (Voy. *Aller, faire aller* et *Affiauler*.)

A, dans la dernière syllabe de *avocat, soldat*, se prononce très-long (en Berry). « Un bon *avocât*, des *soldâts*. — Dans *sable*, se prononce très-bref.

AIR, s. m. || *Air du temps*, signifie aussi chaleur, vent qui dessèche la terre, les flaques d'eau. (Voy. *Feu*.)

* **ALLER** (FAIRE). Loc. fig. Abuser quelqu'un, lui donner de faux renseignements, le promener (Acad.). (Voy. *Affiauler*, *Aguiser*.)

AMENER, v. a. Dans le sens de Produire, employé à l'impératif et par voie d'interjection pour renforcer l'idée de la production, pour montrer qu'elle est abondante. « La semaille a ben réussi : *Amène ! amène !* » (Voy. *Hardi !*)

AMIQUIÉ, s. f. Serait un vestige de la prononciation latine du mot *amicitia*, si, comme le pensent quelques savants, les Romains donnaient au *c* la valeur du *x* grec.

* **AMORTIE,** s. f. (Terme de marine fluviale.) Endroit de la rivière où il n'y a pas de courant, où la force de l'eau est amortie.

APLETER, v. a. (Voy. *Épleter*.) « Cette machine *aplète* plus que l'autre. » *Complet* et probablement *emplette* (Acad.) sont des mots parents du nôtre.

* **ARBIONNER,** ARBIOUNER, v. n. Dérivé de *bion*. (Voy. ce mot.) Pousser des rejetons. || Au fig. s'emploie principalement en parlant d'une femme qui n'a pas eu d'enfants depuis longtemps et qui recommence à en avoir. « Ah ! la Jeanne, v'là qu'alle *arbioune !* » (Voy. *Rebiouner*.)

* **ARBOUTURE,** s. f. (D'autres disent *arbonture*.) (Voy. *Rebouture*.)

* **ARBUSSER,** v. a. (Voy. *Rebusser*.)

* **ARCILLONS,** s. plur. (Voy. *Bansin*.)
(DALPHONSE, *Statistique de l'Indre*, page 152.)

* **ARDILLON,** s. m. Se dit non-seulement d'une pointe de métal adaptée à une boucle, mais aussi de toute chose pointue. « La langue du serpent a deux *ardillons.* »

* **ARFAIRE,** v. a. Refaire. || S'emploie dans le sens de boire de nouveau. « *Arfaites* donc, » rebuvez donc ! (Voy. *Refaire*.)

ARMOISE, s. f. || Maladie de reins des bêtes à cornes (à Saint-

---

AI (syllabe) se prononce très-longue dans *connaissance*, *plaisir*, etc., (en Berry.)

division de région, les époques auxquelles ces engagements seront souscrits, ainsi que leur nombre pour chaque corps.

« Les deux dispositions énoncées ci-dessus prendront fin trois ans après la promulgation de la présente loi, si l'éducation militaire de la jeunesse n'a pas été organisée par une loi dans l'ensemble du pays.

« Les jeunes gens âgés d'au moins dix-huit ans qui sont désireux d'aller se fixer, à l'expiration de leur service militaire, soit en Algérie, soit dans une colonie française, soit dans les pays de protectorat, soit à l'étranger hors d'Europe et des pays limitrophes de la Méditerranée, sont admis, s'ils remplissent les conditions prévues à l'article 50 de la loi du 21 mars 1905, à contracter, au moment de l'incorporation de la classe, un engagement spécial de trois ans six mois, dit de devancement d'appel, pour résidence dans une colonie française ou à l'étranger hors d'Europe. Ils auront la faculté d'être mis en congé à l'expiration de leur troisième année de service, s'ils ont obtenu un certificat de bonne conduite. Dans les six mois qui suivent leur libération, ces jeunes gens devront se rendre en Algérie, dans une colonie française, dans un pays de protectorat ou à l'étranger hors d'Europe et des pays limitrophes de la Méditerranée et faire certifier chaque année, pendant cinq années consécutives, leur présence dans les pays d'outre-mer par le gouverneur de la colonie ou l'agent diplomatique français, suivant le cas.

« Les jeunes gens visés à l'alinéa précédent qui, dans les six mois qui suivront leur libération, n'auront pas justifié de leur établissement effectif outre-mer, ceux qui, au cours de leur délai quinquennal, séjourneront plus de trois mois en France dans le courant de la même année, et ceux qui rentreront en France définitivement avant l'expiration du délai quinquennal seront tenus d'accomplir six mois de service supplémentaires.

« Les mêmes facilités d'engagement par devancement d'appel sont accordées aux jeunes gens nés ou déjà fixés à l'étranger. Les certificats prévus n'ont, en ce cas, qu'à être envoyés pendant un nombre d'années suffisant à parfaire une période quinquennale de résidence fixe à l'étranger en tenant compte du nombre des années qu'ils y auraient passées antérieurement à leur engagement.

« L'affectation aux divers corps de troupes des jeunes gens admis à contracter un engagement dit de devancement d'appel sera faite par les bureaux de recrutement. »

ART. 26. — L'article 51 de la loi du 21 mars 1905 est modifié ainsi qu'il suit :

« Les jeunes gens réunissant les conditions prévues à l'article 50 ci-dessus peuvent contracter, pour les troupes métropolitaines, des engagements de quatre et cinq ans et, pour les troupes coloniales, ainsi que pour certains corps métropolitains d'Afrique désignés par le ministre de la guerre, des engagements de trois, quatre et cinq ans, sous réserve toutefois, pour les troupes coloniales, de la restriction imposée par le paragraphe 1° de l'article 50.

« Le service militaire compte, pour les engagés, du jour de la signature de l'acte d'engagement. Ils passent dans la réserve à l'expiration de leur service actif et suivent ensuite le sort de la classe incorporée dans l'année de leur engagement.

« Les jeunes gens qui contractent un engagement volontaire de quatre ou cinq ans ont le droit de choisir leur arme et leur corps, sous réserve des conditions d'aptitude physique exigées pour cette arme. Ces engagements de quatre ou cinq ans sont admis à des dates fixées par le ministre de la guerre. »

ART. 27. — Le dernier paragraphe de l'article 52 de la loi du 21 mars 1905 est modifié ainsi qu'il suit:

« Le temps ainsi passé sous les drapeaux sera, pour

ces engagés, déduit des trois années de service actif. »

ART. 28. — Les premier, deuxième et quatrième para-graphes de l'article 54 et le premier paragraphe de l'article 55 de la loi du 21 mars 1905 sont modifiés par les dispositions suivantes :

« Les rengagements sont renouvelables jusqu'à une durée totale de quinze années de service pour les sous-officiers ou anciens sous-officiers de l'armée métropoli-taine, pour les caporaux, brigadiers ou soldats de cette armée, occupant certains emplois désignés par le minis-tre de la guerre, pour les militaires de tous grades de l'armée coloniale, du régiment de sapeurs-pompiers de Paris, et de certains corps de l'armée métropolitaine d'Afrique désignés par le ministre.

« De dix années pour les brigadiers et soldats dans les régiments de cavalerie et les batteries des divisions de cavalerie ;

« Et de cinq années pour les brigadiers, caporaux et soldats des autres troupes métropolitaines.

« Dans les limites indiquées ci-dessus, les militaires de toutes armes et de tous grades peuvent contracter des rengagements de six mois, un an, dix-huit mois, deux, trois, quatre et cinq ans.

« Peuvent être maintenus sous les drapeaux, comme rengagés après quinze ans de services :

« 1º Les militaires de toutes armes et de tous grades, pourvus dans les différents corps et services de certains emplois déterminés par le ministre de la guerre ;

« 2º Les militaires de la gendarmerie, de la justice militaire, du régiment de sapeurs-pompiers de Paris, de la remonte, et le personnel employé dans les écoles militaires.

« La durée maximum des rengagements successifs que peuvent contracter les militaires ayant plus de quinze ans de services est fixée à deux années ; l'âge maximum auquel ils sont rayés des cadres est de cinquante ans, à l'exception des militaires occupant certains emplois

sédentaires fixés par le ministre de la guerre, et qui peuvent être maintenus jusqu'à soixante ans. Les militaires de la gendarmerie pourront être maintenus jusqu'à l'âge de cinquante-cinq ans. »

Art. 29. — L'article 58 de la loi du 21 mars 1905 est supprimé.

Art. 30. — Le deuxième paragraphe de l'article 60 de la loi du 21 mars 1905 est remplacé par la disposition suivante :

« Tout militaire lié au service pour une durée supérieure à la durée légale a droit, à partir du commencement de la quatrième année de présence sous les drapeaux, à une haute paye journalière dont le tarif est fixé par le ministre de la guerre pour chaque grade et pour chacune des catégories ci-après :

« 1° Troupes et services de l'armée coloniale ;

« 2° Cavalerie et artillerie des divisions de cavalerie ;

« 3° Autres troupes et services de l'armée métropolitaine. »

Art. 31. — Les six premiers paragraphes de l'article 61 de la loi du 21 mars 1905, modifiée par la loi du 10 juillet 1907, sont remplacés par les dispositions suivantes :

« Tout militaire des troupes métropolitaines qui contracte un engagement ou rengagement de manière à porter son service à quatre ou cinq années a droit à une prime.

« Les militaires des troupes coloniales et de certains corps métropolitains d'Afrique désignés par le ministre de la guerre, y compris ceux ayant contracté un engagement dans les conditions prévues au deuxième alinéa de l'article 51 de la loi du 21 mars 1905, ont droit à une prime à partir du commencement de leur quatrième année de service jusqu'à la dixième inclusivement.

« Le taux de la prime varie suivant le temps que l'engagé ou le rengagé s'engage à passer sous les drapeaux et suivant le corps où il s'engage à servir.

« Conformément aux règles qui seront fixées par décret, la prime peut n'être acquise à l'engagé ou au rengagé qu'au moment de sa libération, ou bien lui être payée en partie le jour de la signature de son engagement ou de son rengagement.

« Le reliquat lui en est alors payé soit par annuités égales, soit en un seul versement au moment où il quitte le service. La partie de la prime constituant le dernier versement est augmentée de l'intérêt simple à 2 fr. 50 p. 100.

« Le ministre de la guerre fait connaître annuellement, à la date du 1er janvier, les tarifs des primes des sous-officiers, caporaux, brigadiers et soldats dans les différents corps. »

Art. 32. — L'article 64 de la loi du 21 mars 1905 est modifié comme suit :

« Les militaires ayant accompli au moins quatre années de service ou une période de séjour aux colonies sont dispensés de la première des périodes d'exercices de la réserve.

« Ceux ayant accompli au moins cinq ans de service sont dispensés des deux périodes d'exercices de la réserve. »

Art. 33. — L'article 65, neuvième paragraphe, de la loi du 21 mars 1905, est modifié comme suit :

« Les sous-officiers de toutes armes qui, après avoir servi cinq ans au moins au delà de la durée légale, seraient réformés avant d'avoir acquis des droits à la pension proportionnelle, toucheront, pendant un temps égal à la moitié de la durée de leurs services effectifs, une solde de réforme égale au montant de la pension proportionnelle de leur grade. »

Ce même article est complété par les paragraphes suivants :

« La pension civile ou le secours concédés à la veuve ou aux orphelins d'un fonctionnaire ou employé civil d'une administration publique ou de toute autre administration où des emplois sont réservés aux anciens militaires, décédé titulaire d'une pension proportionnelle au titre militaire, seront décomptés sur la totalité des services tant militaires que civils du mari ou du père. Chaque année de service militaire sera décomptée à raison de un vingt-cinquième de la pension ou du secours auquel cette veuve ou ces orphelins auraient eu droit si le mari ou le père avait accompli vingt-cinq années de services militaires.

« Il sera procédé, dans des conditions analogues, par une loi spéciale, à l'attribution de pensions ou de secours à la veuve ou aux orphelins des anciens militaires titulaires d'une pension proportionnelle, mais n'étant pas pourvus d'un emploi de l'État. »

Art. 34. — Le deuxième paragraphe de l'article 69 de la loi du 21 mars 1905, modifié par la loi du 10 juillet 1907, est remplacé par les dispositions suivantes :

« Les emplois désignés au tableau F également annexé à la présente loi sont réservés, dans les mêmes conditions, aux sous-officiers, brigadiers et caporaux de toutes armes qui ont accompli au moins quatre ans de service, et aux simples soldats ayant accompli au moins cinq ans de service dans la cavalerie ou l'artillerie des divisions de cavalerie. Un certain nombre des emplois de ce dernier tableau sont réservés aux militaires de tous grades de l'armée coloniale ayant quinze années de services, dont dix au moins dans l'armée coloniale et aux militaires de tous grades de certaines unités métropolitaines d'Afrique désignées par le ministre, ayant accompli quinze années de service dont dix au moins dans des corps ; ces militaires ont également droit aux autres emplois du même tableau. »

Les quatrième et cinquième paragraphes de l'article 69 de la loi du 21 mars 1905 sont supprimés.

Art. 35. — Les emplois de facteurs adultes des télégraphes, à Paris et dans les départements, sont réservés en totalité aux jeunes facteurs arrivés à leur majorité, pour permettre leur titularisation.

25 pour 100 des emplois de facteurs à Paris et de facteurs de ville dans les départements sont laissés à la disposition de l'administration pour assurer l'avancement du personnel local, rural et suburbain et la réintégration des jeunes facteurs des télégraphes.

25 pour 100 des emplois de facteurs locaux et ruraux sont réservés aux facteurs auxiliaires remplissant les conditions qui seront déterminées par l'administration et aux candidats civils appartenant de préférence à des familles nombreuses et réunissant les conditions réglementaires.

Le tableau G annexé à la loi du 21 mars 1905 est en outre modifié comme suit :

Administration centrale.

Personnel subalterne permanent (autre que les gardiens de bureau), 75 pour 100.

Art. 36. — L'article 71 de la loi du 21 mars 1905 est supprimé.

Art. 37. — L'article 77 de la loi du 21 mars 1905 est complété par le paragraphe suivant :

« Les militaires libérés après quinze ans de services dans les corps métropolitains d'Afrique désignés par le ministre de la guerre auront droit aux mêmes avantages que les militaires des troupes coloniales en ce qui concerne les emplois réservés visés au deuxième paragraphe de l'article 69 de loi du 21 mars 1905 et les concessions visées par le présent article. »

Art. 38. — Le quatrième paragraphe de l'article 90 de la loi du 21 mars 1905 est remplacé par la disposition suivante :

« En cas de mobilisation générale, les hommes valides

qui ont terminé leurs vingt-huit ans de services sont incorporés avec la réserve de l'armée territoriale, sans cependant pouvoir être appelés à servir hors du territoire de la colonie où ils résident. »

Art. 39. — L'article 94 de la loi du 21 mars 1905 est complété par la disposition suivante :

« Une loi, qui devra être promulguée dans un délai maximum d'un an après la promulgation de la présente loi, déterminera le nombre supplémentaire des médailles militaires à mettre à la disposition du ministre de la guerre et la répartition des médailles militaires entre les divers corps et armes. »

Art. 40. — Sont supprimés du tableau E les emplois de chef de brigade de gendarmerie et du tableau G les emplois de gendarme à pied et à cheval.

DISPOSITIONS TRANSITOIRES ET PARTICULIÈRES

Art. 41. — La présente loi n'est pas applicable aux appelés appartenant aux classes de 1910, 1911 et 1912, qui demeurent régies par la loi du 21 mars 1905.

Toutefois, les dispositions de l'article 18 relatives à la nouvelle durée du service dans les réserves seront appliquées aux hommes de toutes les classes, appelés ou recensés en vertu des lois antérieures, libérés ou non du service militaire actif, à l'exception des hommes actuellement dégagés par leur âge de toute obligation militaire.

Les jeunes gens, qui, au moment de la promulgation de la présente loi, servent comme engagés spéciaux par devancement d'appel, demeurent régis, quelle que soit leur classe de recrutement, par les clauses de l'engagement qu'ils ont souscrit par application de l'article 50 de la loi du 21 mars 1905.

A partir de la promulgation de la présente loi et seulement jusqu'au jour de l'incorporation de la classe de 1912, les jeunes gens de cette classe, engagés pour trois ans depuis le 1er janvier 1913, seront, sur leur demande, assimilés, au point de vue de la date de leur libération, aux hommes de la classe à laquelle ils appartiennent.

Ils perdront de ce fait tout droit aux primes et hautes payes.

Ceux qui ne réclameront pas, le bénéfice de cette mesure auront droit à une haute paye à partir de la troisième année de service et à une prime de libération de trois cents francs.

Les dispositions nouvelles relatives aux engagements et rengagements entreront immédiatement en vigueur. Les militaires qui servent en qualité de commissionnés conserveront cette situation jusqu'à leur libération, à moins qu'ils ne demandent eux-mêmes à continuer à servir comme rengagés.

Sont et demeurent en vigueur les dispositions de la loi du 21 mars 1905 qui ne sont pas contraires à la présente loi.

Des décrets détermineront les mesures d'exécution de la présente loi.

Art. 42. — La disposition du septième paragraphe de l'article 13 de la présente loi relatif au concours d'admission à l'école spéciale militaire ou à l'école polytechnique ne sera applicable que cinq ans après la promulgation de la présente loi.

Art. 43. — Par mesure transitoire, un sursis d'office est accordé aux jeunes gens de la classe de 1913 qui n'auront pas répondu à l'appel de leur classe, lorsque ces jeunes gens seront domiciliés à l'étranger.

Art. 44. — Sont autorisés, du 15 août au 15 novembre 1913, dans les limites fixées par le ministre :

1º Les devancements d'appel pour les jeunes gens de dix-huit, dix-neuf, vingt ans : par mesure transitoire exceptionnelle, seront admis les devancements d'appel

des jeunes gens de dix-huit ans non pourvus du certificat d'aptitude militaire ;

2° Les rengagements des hommes libérables de toutes
armes : rengagement d'un an, avec haute paye de
1 franc par jour et prime de libération de 500 francs ;
rengagements de deux ans, avec haute paye de 1 franc
et prime de libération de 1 100 francs ;

3° Dans les mêmes conditions de durée, de haute paye
et de prime — mais la prime étant payée au jour du
rengagement — le rengagement des soldats ayant
accompli leur service militaire et obtenu, à leur libération, le certificat de bonne conduite, n'ayant encouru
aucune condamnation et ne dépassant pas vingt-six
ans au 31 décembre de l'année de leur engagement.

ART. 45. — Les casernes nouvelles et les casernes
anciennes, après achèvement de leurs travaux d'aména-
gement et de réparations, ne pourront être utili-
sées qu'après avoir été reçues et déclarées en état
de salubrité nécessaire et suffisant par le service de
santé.

ART. 46. — Les Français ou naturalisés Français nés
à l'étranger hors d'Europe ou des pays limitrophes de
la Méditerranée et y résidant peuvent être admis à
bénéficier des dispositions concernant les Français résidant dans les colonies ou pays de protectorat visés
à l'article 90 de la loi du 21 mars 1905.

Ils accomplissent, dans ce cas, leur service militaire
dans une des colonies les plus voisines, suivant la
répartition arrêtée par décret rendu sur la proposition
des ministres de la guerre et des affaires étrangères,
sous réserve des dispositions contenues au troisième
alinéa de l'article 90 précité.

Ces dispositions sont également applicables aux
Français ou naturalisés Français qui se sont établis à
l'étranger hors d'Europe ou des pays limitrophes de
la Méditerranée avant l'âge de dix-huit ans ou qui s'y
sont établis après cet âge, s'ils n'ont pu, pour cause

d'inaptitude physique, contracter l'engagement prévu à l'article 25 de la présente loi.

Les jeunes gens visés au présent article doivent, en cas de mobilisation, rejoindre dans leur plus bref délai leur corps d'affectation.

S'ils revenaient en France avant leur passage dans l'armée territoriale, ils devraient accomplir ou compléter dans un corps de la métropole le temps de service dans l'armée active prescrit par l'article 18, sans toutefois pouvoir être retenus sous les drapeaux au delà de la date où leur classe d'origine passe dans l'armée territoriale.

Pendant les périodes de résidence obligatoire à l'étranger prévues par les dispositions du présent article, les intéressés sont admis à faire en France, chaque année, des séjours de trois mois.

Art. 47. — Dans le délai de six mois à partir de la promulgation de la présente loi, le Gouvernement présentera un projet de loi réglant les conditions de recrutement des indigènes en Algérie, aux colonies et dans les pays de protectorat.

Art. 48. — Il est ajouté à l'avant-dernier paragraphe de l'article 28 de la loi du 21 mars 1905 la disposition suivante :

« Il en est de même de tous actes, de quelque nature qu'ils soient, faits pour l'exécution de l'article 22. »

Art. 49. — Pendant la durée de leur service dans l'armée active, ne sont pas assujettis à l'impôt personnel et mobilier les hommes de troupe mariés dont la cote ne dépasse pas 10 francs en principal.

Art. 50. — L'article 12 de la présente loi est applicable aux réservistes, aux territoriaux et à leur famille pendant l'accomplissement de leurs périodes d'instruction.

Toute disposition contraire est abrogée.

La présente loi, délibérée et adoptée par le Sénat et

par la Chambre des députés, sera exécutée comme loi de l'État.

Fait à Paris, le 7 août 1913,

R. POINCARÉ.

Par le Président de la République :

Le ministre de la guerre,

EUG. ÉTIENNE.

TABLEAU ANNEXÉ

Effectifs minima des unités des différentes armes.

DÉSIGNATION	INFANTERIE		CAVALERIE	ARTILLERIE			
	Compagnie d'infanterie et de zouaves de France	Compagnie de chasseurs à pied	Régiment de cavalerie	Batterie montée et d'artillerie lourde	Batterie à cheval	Batterie de montagne	Batterie à pied
	1	2	3	4	5	6	7
Unités à effectif normal. .	140	»	740	110	175	140	120
Unités à effectif renforcé. .	200	200		140			160

DÉSIGNATION	GÉNIE						
	Compagnie de sapeurs mineurs	Compagnie de télégraphistes	Compagnie de chemins de fer	Compagnie de radiotélégraphistes	Compagnie de sapeurs conducteurs	Compagnie d'aéronautique	Détachement de projecteurs
	8	9	10	11	12	13	14
Unités à effectif normal. .	140	140	200	220	130 fort.	150	50
Unités à effectif renforcé. .	200				90 faible.		

Vu pour être annexé à la loi du 7 août 1913, délibérée et adoptée par le Sénat et par la Chambre des députés.

Par le Président de la République : Le Président de la République française,
, Le Ministre de la Guerre, R. POINCARÉ,
EUG. ÉTIENNE.

*Loi modifiant les art. 4 et 5 de la loi sur le recru-
tement de l'armée* (6 décembre 1912).

ART. 1ᵉʳ. — Le dernier paragraphe de l'article 4 de la
loi du 21 mars 1905 sur le recrutement de l'armée,
modifiée par les lois des 11 avril 1910 et 30 mars 1912,
est remplacé par les dispositions suivantes :

« Sont également exclus de l'armée, et dans les conditions ci-dessus déterminées :

« 1º Les individus condamnés à une peine de trois
mois d'emprisonnement au moins, soit par application
de l'article 242, paragraphe 2, du code de justice militaire pour provocation à la désertion, soit par application de l'article 84 de la loi du 21 mars 1905 pour
manœuvres ayant pour but de favoriser ou provoquer
l'insoumission ;

« 2º Les individus qui ont été l'objet de deux ou plusieurs condamnations dont la durée totale est de trois
mois au moins, prononcées soit par application des
articles 30 et 33 de la loi du 29 juillet 1881 pour diffa-
mation ou injure envers les armées de terre et de mer,
soit par application de l'article 25 de la même loi, ou
de l'article 2 de la loi du 28 juillet 1894, pour provocation adressée à des militaires dans le but de les détour-
ner de leurs devoirs militaires et de l'obéissance qu'ils
doivent à leurs chefs. »

ART. 2. — L'article 5 de la loi du 21 mars 1905 est
remplacé par les dispositions suivantes :

« ART. 5. — Les individus reconnus coupables de
crimes et condamnés seulement à l'emprisonnement par
application des articles 67, 68 et 463 du code pénal ;

« Ceux qui ont été condamnés correctionnellement à

six mois d'emprisonnement au moins, soit pour blessures ou coups volontaires, par application des articles 3o9 et 3r r du code pénal, soit pour violences contre les enfants, prévues par l'article 3r2, paragraphes 6 et suivants du même code ;

« Ceux qui ont été condamnés correctionnellement à un mois d'emprisonnement au moins pour outrage public à la pudeur, pour délit de vol, escroquerie, abus de confiance ou attentat aux mœurs, prévu par l'article 334 du code pénal ;

« Ceux qui ont été condamnés correctionnellement pour avoir fait métier de souteneur, délit prévu par l'article 2 de la loi du 3 avril 1903, quelle que soit la durée de la peine ;

« Ceux qui ont été l'objet de *deux ou plusiéurs condamnations* dont la durée totale est de trois mois au moins pour rébellion (art. 209 à 221 du code pénal) ou violences envers les dépositaires de l'autorité et de la force publique (art. 228 et 230 du code pénal);

« Ceux qui ont été l'objet de deux ou plusieurs condamnations dont la durée totale est de trois mois au moins, pour l'un ou plusieurs des délits spécifiés dans l'alinéa 2 du présent article ;

« Ceux qui ont été l'objet de deux ou plusieurs condamnations, dont la durée totale est de trois mois au moins, pour l'un ou plusieurs des délits prévus par les articles 269 à 276 inclusivement du code pénal ;

« Ceux qui ont été l'objet de deux ou plusieurs condamnations, dont la durée totale est de trois mois au moins, pour le délit de filouterie d'aliments prévu par l'article 401 du code pénal ;

« Ceux qui ont été l'objet de deux ou plusieurs condamnations quelle qu'en soit la durée pour l'un ou plusieurs des délits spécifiés dans l'alinéa 3 du présent article,

« Sont incorporés dans les bataillons d'infanterie légère d'Afrique, sauf décision contraire du ministre de la guerre après enquête sur leur conduite depuis leur sortie de prison. »

« Pour l'application des dispositions qui précèdent, il ne sera tenu compte des condamnations prononcées à l'étranger qu'après que la régularité et la légalité de la condamnation auront été vérifiées par le tribunal correctionnel du domicile civil du condamné.

« Les individus qui, au moment de l'appel de leur classe, se trouveraient retenus pour ces mêmes faits dans un établissement pénitentiaire, seront incorporés dans lesdits bataillons à l'expiration de leur peine, pour accomplir le temps de service prescrit par la présente loi. »

ART. 3. — Par mesure transitoire, le ministre de la guerre pourra, dès la promulgation de la présente loi et sur la proposition des chefs de corps, prononcer l'envoi aux bataillons d'infanterie légère d'Afrique des hommes actuellement incorporés qui se trouvent dans l'un des cas visés par l'article 2 de la présente loi, qui se seront rendus coupables d'actes d'indiscipline ou qui, par leur mauvaise conduite, sont un danger pour la valeur morale du corps de troupe dans lequel ils servent.

Loi modifiant la loi sur le recrutement de l'armée
(30 mars 1912).

ART. 1er. — Cet article qui portait modifications à l'article 58 de la loi du 21 mars 1905 est devenu sans objet par suite de la suppression dudit article 58 (*Art. 29 de la loi du 7 août 1913*).

ART. 2. — Les sous-officiers commissionnés avant la promulgation de la présente loi, qui occuperont à cette date un emploi autre que ceux figurant aux tableaux H et I, pourront être maintenus au corps dans l'emploi qu'ils occupent :

Soit pendant un délai de cinq ans, s'ils ont été commissionnés après dix ans et avant quinze ans de services ;

Soit jusqu'à vingt-cinq ans de services, s'ils ont été commissionnés après quinze ans de services.

Ils devront être définitivement rayés des contrôles de l'activité, à l'expiration du délai de cinq ans pour les premiers, après vingt-cinq ans de services pour les autres, si un des emplois des tableaux H et I ne leur a pas été attribué.

Il n'est en rien innové en ce qui concerne les sous-officiers bénéficiaires de la loi du 10 juillet 1907.

Loi modifiant la loi sur le recrutement de l'armée
(13 mars 1912).

ARTICLE UNIQUE. — Le septième alinéa de l'art. 83 de la loi du 21 mars 1905 est remplacé par le suivant :

« Dans aucun cas, le temps pendant lequel les hommes visés à tous les paragraphes qui précèdent n'auront pas été présents sous les drapeaux, ne comptera dans les années de service exigées. »

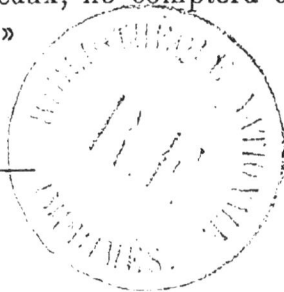